Kirsten Hall war Grundschullehrerin und hat über hundert Erstleser-Geschichten geschrieben. Heute ist sie Geschäftsführerin der von ihr gegründeten Agentur Catbird Productions für Kinderbücher und Illustration. Ihr Buch »The Jacket« wurde 2014 von der New York Times als »Notable Children's Book« ausgezeichnet.

Isabelle Arsenault in Sept-Îles (Québec) geboren, zählt zu den renommiertesten Kinderbuchillustratorinnen Kanadas. Dreimal wurde sie mit dem kanadischen »Governor General's Literary Award« ausgezeichnet. Mehrfach führte die New York Times ihre Bücher auf der Liste der »Zehn besten illustrierten Bücher«. Isabelle Arsenault lebt mit ihrer Familie in Montréal.

DIE HONIGBIENE

Von Kirsten Hall und Isabelle Arsenault
Übersetzt von Anna Schaub

Nord Süd

Ein Feld.
Ein Busch.
Was für ein Bild ...

Überall um dich herum
wachsen frei und wild …

BLUMEN.
Aber
Pst!
Was ist das?

Hörst du sie

da drüben im Gras?

Sie kommt,
sie summt,
sie brummt …

EINE BIENE.

Sie tanzt und sie singt,
froh und beschwingt,
dreht Runden um Runden,
Stunden um Stunden.

RUND

RUND

RUND

SUMM

SUMM

SUMM

Sie schaut,
sie sucht …

Das ist die Blume, die soll es sein!
Ihren Nektar bringt sie heut' heim.
Die Farben sind prächtig,
der Duft lockt sie mächtig.
Ja, die soll es sein!

Was für ein Flug,
sie nimmt einen Zug
SÜSSEN,
FRISCHEN …

NEKTAR.

Schau nur, sie trinkt,
schau nur, sie isst.

Schau nur, wie platt,
zufrieden und satt
die Biene doch ist.

Schau nur, weiter geht's …

… sie trägt die Pollen stets
mit sich herum.

SUMM, SUMM,
die Suche ist
nicht um.

BSSSSSS, ein Schwarm am Himmel,
was für ein Gewimmel!

Flattern,
Fliegen,
Nektar
kriegen.

SÜSSER NEKTAR
IST SO LECKER!

Und sie drehen ihre Runden
Stunden um Stunden.
Bis …

sie heben, hüpfen, schwer beladen
ihren Nektarschatz heimtragen.

So ein Geschmause!
So ein Gebrause!
So ein Gesause!
Und dann ...

WUUUSCH

Da vorne ist es.

UNSER ZUHAUSE!
UNSER STOCK.
UNSER VERSTECK.

Sie haben den Nektar
zurückgebracht.
Schau, wie der Stock
zum Leben erwacht.

BSSSSSS

WO WAREN DIE BLUMEN, WO WARST DU HEUTE?
TANZ UNS DEN WEG ZUR LECKEREN BEUTE!

Ein Tanz beginnt:
Flügel flattern,
Beinchen wackeln.

Wunderschön
ist's anzusehen.

Erst eine Linie, ganz sacht,
und zu guter Letzt noch eine Acht.

OH! IST DAS WAHR?

JETZT IST'S UNS KLAR.

GUT GEZEIGT, GAR KEINE FRAGE.

DARUM DANKE FÜR DIE TANZEINLAGE.

Neue Bienen schwärmen aus,

die andern gehen auf zum Schmaus.

SCHMATZ, SCHMATZ – KOMM HER UND SCHAU!

WIR SCHLÜRFEN DEN NEKTAR,
NOCH IST ER RAU.

SCHMATZ, SCHMATZ – WIR ÄNDERN DEN SAFT
UND GEBEN DURCH KAUEN DEM NEKTAR MEHR KRAFT.

SCHMATZ, SCHMATZ – BALD KLEBT ER WIE LEIM,

GENAU SO SOLL ER AUCH SEIN.
DICK SOLL ER SEIN,

KLEBRIG SOLL ER SEIN,
ERST DANN IST ER FEIN!

Aber es gibt noch viel zu tun …

WUUUSCH
Sie sind stark,
obwohl so klein.

WUUUSCH
Der Nektar
schmeckt jetzt fein:

Er ist dicker.
Er ist lecker.

FLATTERT

FLEISSIG

SCHNELL

GESCHAFFT!

WIR HABEN
DEN NEKTAR ...

... ZU
HÖNIG
GEMACHT!

Und jetzt –

WIR MÜSSEN
IHN SCHÜTZEN,
ER WIRD UNS
NOCH NÜTZEN.

Winzige Waben
werden verschlossen,
flüssiges Gold
darin eingeschlossen.
Und erst an hungrigen Tagen
aufgeschlossen.

Draußen wird's dunkler.
Die Tage sind kürzer.
Die Luft ist schon kühler.
Es gibt kaum Eier zum Brüten,
kaum Kleintier zum Hüten.

Die Königin hat jetzt mehr Zeit,
und auch die Bienen sind bereit,
sich endlich einmal auszuruh'n
und auch einmal nichts zu tun.

KOMMT REIN UND
KUSCHELT EUCH EIN,
SO IST EUCH NICHT KALT,
DER WINTER KOMMT BALD.

PLOP –
die Knospe.

PLATSCH –
der Matsch.

Draußen erwacht die Welt zum Leben.
Hörst du im Stock die Bienen
sich regen?

HACH! Der Frühling!
Alles erwacht!

Eine kleine Biene im Busch
weiß, was sie will.

WUUUUUUUSCH!

Ein Feld.

Ein Baum.

Von ganz weit her
fliegt sie hierher:
die fleißige,
honigsüße

BIENE.

Liebe Leserinnen und Leser,

ich habe diese Geschichte aus einem wichtigen Grund geschrieben: Die Honigbiene ist ein wunderbares Wesen. Aber leider ist sie in Gefahr. Ich habe dieses Buch in der Hoffnung geschrieben, dass du die Biene schätzen lernst – und mir dabei hilfst, für ihre sichere Zukunft zu sorgen.

HONIGBIENEN SIND WUNDERVOLL
Sie sind wie wir! Sie leben in Familien (Kolonien genannt) und Häusern (Bienenstöcke). Sie arbeiten hart. Und jede trägt dazu bei, dass in ihrer Kolonie alles reibungslos läuft. Bienen summen, brummen, schwirren, trinken, tanzen und bauen sogar Nester. Und obwohl wir nicht zu nah an sie herangehen sollten – sie stechen! –, wollte ich dir die Biene aus nächster Nähe zeigen. Damit du sehen kannst, was sie alles Wundervolles macht.

WAS WÄRE DIE WELT OHNE BIENEN?
Ohne Bienen hätten wir ein Problem! Bienen fliegen von Pflanze zu Pflanze, immer auf der Suche nach Nektar. So verbreiten sie Pollen. Aus diesen Pollen wachsen neue Pflanzen. Und diese Pflanzen verwenden wir, um Nahrung und Kleidung herzustellen und sogar beim Hausbau.

WIE KANNST DU BIENEN HELFEN?
Hier sind fünf einfache Möglichkeiten, Bienen zu helfen:

1. PFLANZE BLUMEN UND KRÄUTER, WO IMMER DU KANNST. Pflanze Ähnliches nah beieinander -. das mögen Bienen. Bienen haben auch Lieblingspflanzen. Dazu gehören: Lavendel, Flieder, Minze, Mohn, Kürbis, Rosmarin, Salbei, Sonnenblumen und Tomaten. Vermeide jegliche Chemikalien, diese sind für Bienen gefährlich und tragen zu ihrem Verschwinden bei.

2. GIB AUCH UNKRAUT UND WILDBLUMEN EINE CHANCE. Manchmal will man das Unkraut loswerden. Es gibt sogar Menschen, die finden Unkraut »unordentlich«. Aber Bienen lieben es. Im Unkraut können sie sich verstecken, und Wildblumen schmecken ihnen besonders gut.

3. KAUF HONIG VON EINEM IMKER VOR ORT. Honig aus der Region gibt es oft auf Märkten zu kaufen oder im Hofladen im Dorf. Honig ist voller Nährstoffe. Du kannst mit Honig backen, deinen Tee damit süßen oder einfach einen Löffel davon schlecken. Aber nicht zu viel. (Er ist zwar lecker, aber auch sehr süß!) Wenn du Imker unterstützt, behalten Bienen ihre Aufgabe.

4. HAB KEINE ANGST VOR BIENEN. Honigbienen wollen Nektar und Pollen – nicht dich stechen. Wenn dir eine Biene nahe kommt, dann bleib ganz ruhig. Bienen können Angst nämlich »riechen«. Wenn du ruhig bleibst, fliegt die Biene wahrscheinlich schnell weiter. Und halte dich von Bienenstöcken fern. Bienen beschützen gerne ihr Territorium. Aber wenn du ihnen aus dem Weg gehst, dann werden sie dir nichts tun.

5. ERZÄHL DER REGIERUNG, DASS DU BIENEN LIEBST. Die Leute, die Gesetze machen, müssen sich mehr für Bienen einsetzen. Wenn unsere Gesetze unsere Umwelt nicht besser schützen, dann sind wir in Gefahr. Schreib einen Brief an die Lokalpolitiker. Sag ihnen, warum Bienen so wichtig sind. Male Bilder, und gib den Bienen eine Stimme. Wenn genug von uns zusammenhalten, können wir vielleicht die Zukunft der Bienen sichern.

Danke, dass du dich kümmerst. Und sei stolz auf dich: Du weißt jetzt so viel über die Biene, und Wissen ist Macht. Lass uns gemeinsam Fürsprecher für die Bienen sein!

Liebe Grüße
Kirsten

Dieses Buch ist für alle, die die wundervollen und gefährdeten Geschöpfe unserer Welt lieben und wertschätzen.

Mit besonderem Dank an Ann Bobco und Emma Ledbetter.

K.H. und I.A.

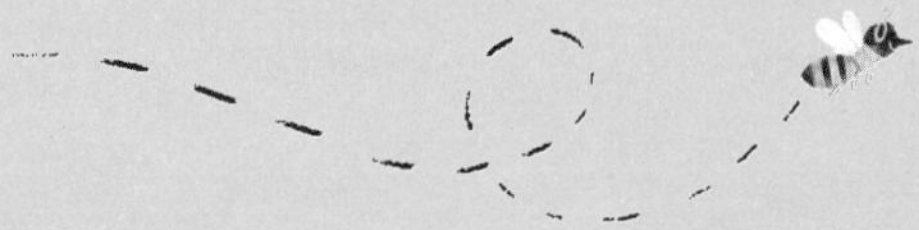

Lektorat: Andrea Naasan
Übersetzung: Anna Schaub
Printed in China
ISBN 978-3-314-10474-9
4. Auflage 2025

Der Text in diesem Buch wurde in der Schrift »The Honeybee« gesetzt,
die von Isabelle Arsenault entworfen wurde.
Die englische Originalausgabe erschien 2018 unter dem Titel »The Honeybee«
Published by arrangement with Atheneum Books For Young Readers
An imprint of Simon & Schuster Children's Publishing Division
1230 Avenue of the Americas, New York, NY 10020

www.nord-sued.com
Wir freuen uns über Nachrichten an: info@nord-sued.com

Der NordSüd Verlag wird vom Bundesamt für Kultur
mit einem Strukturbeitrag für die Jahre 2021-2025 unterstützt.

GPSR-EU-Kontakt: NordSüd Verlag GmbH,
Triebstr. 3, 80993 München, gpsr@nord-sued.com

FSC
www.fsc.org
MIX
Papier | Fördert gute Waldnutzung
FSC® C144853